Investigador forense

Análisis de datos

EVIDENCE

Andrew Einspruch

Créditos de publicación

Editora
Sara Johnson

Directora editorial
Dona Herweck Rice

Editora en jefe
Sharon Coan, M.S.Ed.

Directora creativa
Lee Aucoin

Editora comercial
Rachelle Cracchiolo, M.S.Ed.

Créditos de imagen

El autor y los editores desean agradecer y reconocer a quienes otorgaron su permiso para la reproducción de materiales protegidos por derechos de autor: portada Photodisc; pág. 1 Photodisc; pág. 4 The Photolibrary; pág. 5 Alamy/Pablo Paul; pág. 6 Alamy/UpperCut Images; pág. 8 Shutterstock; pág. 9 The Photolibrary; pág. 10 Shutterstock; pág. 12 Shutterstock; pág. 14 Shutterstock; pág. 16 Shutterstock; pág. 17 The Photolibrary; pág. 18 Shutterstock; pág. 20 Alamy/Pablo Paul; pág. 21 Shutterstock; pág. 22 Alamy/Pablo Paul; pág. 24 The Photolibrary; pág. 26 Alamy/Stock Connection Distribution; pág. 27 The Photolibrary; pág. 28 Corbis; Getty Images; Photo Disc

Si bien se ha hecho todo lo posible para buscar la fuente y reconocer el material protegido por derechos de autor, los editores ofrecen disculpas por cualquier incumplimiento accidental en los casos en que el derecho de autor haya sido imposible de encontrar. Estarán complacidos de llegar a un acuerdo idóneo con el propietario legítimo en cada caso.

Teacher Created Materials

5301 Oceanus Drive
Huntington Beach, CA 92649-1030
http://www.tcmpub.com
ISBN 978-1-4938-2954-5

Contenido

En la escena del crimen   4

Lo que los investigadores deben saber   6

Huellas dactilares   8

Sangre y grupos sanguíneos   12

Identificación genética   16

Fibras y fragmentos   20

Detectores de mentiras   24

Resolver un crimen   27

Actividad de resolución de problemas   28

Glosario   30

Índice   31

Respuestas   32

En la escena del crimen

¡Se **cometió** un crimen! Nadie sabe cómo ocurrió ni quién cometió el crimen. La policía llega a la escena del crimen. No tiene pistas obvias ni **testigos** confiables.

Un automóvil se detiene y baja un equipo de **investigadores forenses**. Están aquí para descubrir qué sucedió. Se ponen trajes especiales. Se cubren el calzado para no **contaminar** la escena del crimen. Recopilan datos, o pistas. Estas pistas a veces son tan diminutas que no se pueden ver sin un equipo especial.

Los investigadores forenses recogen **evidencia** en la escena de un crimen.

Cuando se comete un crimen, la policía busca pistas. Esperan encontrar al **perpetrador**. Podrían encontrar un arma o automóvil usado para cometer el crimen. Cada pista que encuentra la policía ayuda a reducir la cantidad de **sospechosos**.

Los investigadores forenses hacen lo mismo, pero con diferentes tipos de pistas. Buscan huellas dactilares y sangre. Buscan cabellos, **fibras** e incluso tierra. Determinan la mejor manera de recopilar tales datos. Entonces, realizan pruebas con los datos y **analizan** los resultados.

Una investigadora fotografía la huella de un zapato en la escena de un crimen.

Ciencia forense

Los investigadores forenses diseñan investigaciones de datos para reunir evidencia y responder preguntas sobre un crimen. Más adelante, los investigadores pueden mostrar su evidencia en un tribunal de justicia.

Lo que los investigadores deben saber

Los investigadores de la escena del crimen necesitan conocer más que solo "quién lo hizo". Los investigadores consideran 5 preguntas. Estas son: quién, qué, dónde, cuándo y por qué. También piensan en el cómo.

- **QUIÉN:** Esto podría incluir quién es la **víctima**, al igual que quién es el perpetrador.
- **QUÉ:** Esto cubre lo que sucedió.
- **DÓNDE:** Esto involucra posibles escenas del crimen, como dónde se cometió el crimen. También cubre dónde se encontró a la víctima.
- **CUÁNDO:** Conocer cuándo ocurrió el crimen ayuda a los investigadores. Pueden descartar sospechosos. Algunos sospechosos pueden tener **coartadas**.
- **POR QUÉ:** Los investigadores necesitan conocer la razón por la que ocurrió un crimen.
- **CÓMO:** Esto cubre cómo planificó y llevó a cabo el crimen el perpetrador.

CRIME SCENE DO NOT CROSS   CRIME S

Se han recopilado datos sobre la hora del día en que ocurrieron robos de automóviles. Esto ayuda a los investigadores a **predecir** cuándo es más probable que ocurran estos crímenes en el futuro. Usa los datos del gráfico para responder las siguientes preguntas.

Robos de automóviles en Villamala

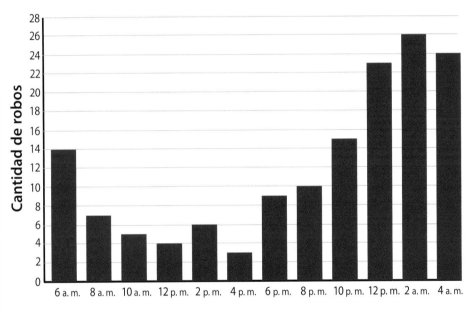

a. ¿A qué hora ocurrió la menor cantidad de robos de automóviles?

b. ¿Cuántos robos de automóviles ocurrieron a las 8 a. m.?

c. ¿A qué hora crees que deberían enviarse la mayoría de las patrullas? Usa los datos para explicar tu respuesta.

Huellas dactilares

¿Sabías que no hay dos personas que tengan las mismas huellas dactilares? Hasta los gemelos idénticos tienen diferentes huellas dactilares. Tus huellas dactilares se formaron antes de que nacieras. Permanecen iguales durante toda la vida.

Hace miles de años, las huellas dactilares se usaban para identificar personas en la antigua Babilonia. Pero no fué sino hasta 1892 que las huellas dactilares se usaron por primera vez para probar que alguien había cometido un crimen.

¿Por qué tenemos huellas dactilares?

Tenemos **crestas** diminutas en los dedos para poder agarrar cosas. ¡Si no tuviéramos esas crestas, los objetos se nos resbalarían de entre los dedos fácilmente! Estas crestas forman nuestras huellas dactilares.

Las crestas de los dedos y pulgares forman nuestras huellas dactilares. Estas crestas dejan una marca cuando tocamos algo. Los investigadores forenses también pueden usar impresiones de palmas, dedos de los pies, pies y orejas.

Una huella dactilar encontrada en la escena de un crimen puede compararse con huellas dactilares de la **base de datos** de la policía. También puede compararse con la huella dactilar tomada de un sospechoso. Los investigadores forenses trabajan para hacer coincidir partes de 2 huellas dactilares que parecen iguales.

Un científico forense compara huellas dactilares. Los marcadores amarillos se usan para señalar las características que se comparan.

9

Las huellas dactilares tienden a tener 3 patrones básicos: arco, curva y espiral.

Patrón de arco

Patrón de curva

Patrón de espiral

Estos patrones básicos pueden incluirse en grupos más **específicos**. Por ejemplo, 60 % a 70 % de las personas tienen huellas dactilares que son algún tipo de curva. Estos patrones tienen nombres más específicos como curva simple y curva doble.

Hoy en día, los sistemas informáticos comparan las huellas dactilares. Una huella dactilar completa y clara a menudo puede llevar a una coincidencia. Pero a veces una huella dactilar encontrada en la escena de un crimen no está completa ni es clara. El sistema ofrece una lista de posibles coincidencias. Los investigadores realizan más investigaciones.

EXPLOREMOS LAS MATEMÁTICAS

Se encontró una huella dactilar en la escena de un crimen. Provenía del pulgar de la mano derecha de alguien. La policía observó la base de datos de huellas dactilares. Usa los datos de la tabla para responder las siguientes preguntas.

a. Los investigadores de la escena del crimen saben que el perpetrador es mayor de 45 años de edad. ¿Cuántos sospechosos en la base de datos coinciden con esa descripción?

Edades y tipos de huellas

Tipo de huella dactilar	Grupos etarios (años)			
	18–25	26–35	36–44	Más de 45
Curva	24	37	41	28
Espiral	13	18	14	15
Arco	1	0	3	1

b. Llegaron las pruebas de huellas dactilares del laboratorio. Mostraron que el perpetrador tiene una huella en espiral. ¿Cuántos sospechosos tiene la policía ahora?

c. ¿Qué grupo etario de la base de datos de la policía contiene la mayor cantidad de personas?

Sangre y grupos sanguíneos

La sangre encontrada en la escena de un crimen proporciona muchos datos a los investigadores forenses. Pueden realizar pruebas para ver si la sangre es humana o animal. Pueden descubrir si la sangre pertenece a más de una persona. Pueden establecer si la sangre pertenece a la víctima o al perpetrador.

Si los investigadores encuentran sangre humana, pueden averiguar su grupo. La sangre humana puede clasificarse en cuatro grupos principales: grupo A, grupo B, grupo AB y grupo O.

Una **técnica** de laboratorio realiza pruebas a muestras de sangre.

Los investigadores encontraron un poco de sangre en la escena de un crimen. La base de datos de la policía mostró los grupos sanguíneos de criminales conocidos que vivían en el área. Había 400 criminales en la base de datos. Usa los datos del gráfico circular para responder las siguientes preguntas.

Grupos sanguíneos de criminales

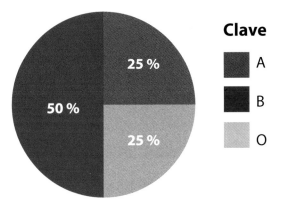

Clave

- A
- B
- O

a. Si la muestra de sangre fuera del grupo O, ¿cuántos sospechosos tendría la policía?

b. Si la muestra de sangre fuera del grupo A o B, ¿cuántos sospechosos tendrían para cada grupo sanguíneo?

c. Los resultados del laboratorio muestran que el grupo sanguíneo es AB. Dada la información sobre el grupo sanguíneo, ¿a qué **conclusión** podría llegar la policía sobre el perpetrador?

Si se conocen los grupos sanguíneos de la escena del crimen, la lista de sospechosos se hace más pequeña. En Estados Unidos, solo el 4 % de las personas tiene sangre del grupo AB. Entonces, si la sangre de la escena del crimen es tipo AB, la mayoría de los sospechosos quedan descartados. Pero si la sangre de la escena del crimen es del grupo O, no será de gran ayuda para los investigadores. El grupo O es el tipo de sangre más común en Estados Unidos (45 %).

Grupos sanguíneos en Estados Unidos

11 %

4 %

40 %

45 %

Clave

A

B

AB

O

Los grupos sanguíneos pueden incluir o **excluir** ciertos pueblos o nacionalidades. Por ejemplo, casi 100 % de los nativos de América del Sur tienen sangre del grupo O. Los grupos B y AB son muy raros entre aborígenes australianos. La siguiente tabla muestra grupos sanguíneos de diferentes pueblos de todo el mundo.

EXPLOREMOS LAS MATEMÁTICAS

Grupos sanguíneos de diferentes pueblos

Pueblos	Grupos sanguíneos			
	O	A	B	AB
Británicos	46 %	42 %	9 %	3 %
Irlandeses	52 %	35 %	10 %	3 %
Franceses	43 %	45 %	9 %	3 %
Japoneses	30 %	38 %	22 %	10 %
Aborígenes australianos	44 %	56 %	0 %	0 %

Usa el grupo de datos de la tabla para responder estas preguntas:

a. ¿Qué porcentaje de británicos tiene sangre del grupo B?

b. ¿Cuáles 3 pueblos tienen un porcentaje más alto de personas con sangre tipo A que tipo O?

c. ¿Qué grupo de sangre dirías que es el más raro? Menciona razones que expliquen tu respuesta.

d. Más de 420,000 residentes de Nueva York tienen ascendencia irlandesa. Aproximadamente, ¿cuántos de ellos tienen sangre del grupo B?

Identificación genética

A pesar de que no hay 2 huellas dactilares que sean iguales, a veces los investigadores pueden encontrar una coincidencia incorrecta. En los tribunales de justicia actuales, la evidencia más confiable es la **identificación genética**. También se conoce como impresión dactilar genética o perfil de **ADN**.

> Una cadena de ADN de doble hélice

¿Qué es el ADN?

¡Tu cuerpo está formado por entre 10 y 100 mil millones de **células** vivas! El ADN se encuentra dentro de casi todas las células de tu cuerpo. El ADN contiene las "instrucciones" de cómo luce, crece y funciona tu cuerpo. Cosas como el tamaño de tu cuerpo, tu contextura y color de ojos están controladas por tu ADN.

Los investigadores forenses toman una muestra de la sangre de un sospechoso. También pueden tomar una muestra de cabello, sudor o saliva. El ADN del sospechoso se analiza a partir de la muestra. Después, este ADN puede compararse con muestras encontradas en una escena del crimen.

Una científica examina fragmentos de ADN.

Gemelos idénticos

El ADN de todas las personas es diferente, excepto en los gemelos idénticos. ¡Pero al menos sus huellas dactilares son diferentes!

La mayoría de la información genética es la misma para todos los seres humanos. Así que los investigadores deben enfocarse en la parte del ADN de una persona que sea **única**. Esta pequeña parte es diferente de una persona a otra.

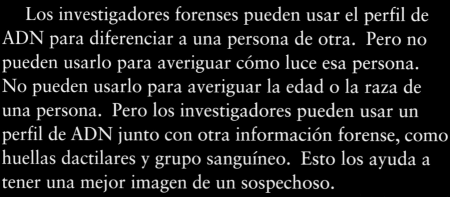

El ADN para cada uno de estos niños es único.

Los investigadores forenses pueden usar el perfil de ADN para diferenciar a una persona de otra. Pero no pueden usarlo para averiguar cómo luce esa persona. No pueden usarlo para averiguar la edad o la raza de una persona. Pero los investigadores pueden usar un perfil de ADN junto con otra información forense, como huellas dactilares y grupo sanguíneo. Esto los ayuda a tener una mejor imagen de un sospechoso.

La policía de Villamala tiene datos sobre el color de ojos de ladrones de automóviles conocidos. Usa los datos del gráfico para responder las siguientes preguntas.

Color de ojos de ladrones de automóviles de Villamala

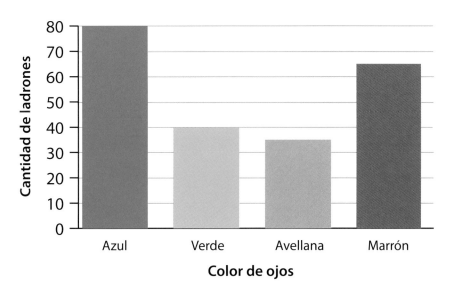

a. ¿Cuántos ladrones de automóviles tienen ojos verdes?

b. ¿Cuántos ladrones de automóviles en total forman estos datos?

c. ¿Qué color de ojos tiene un grupo de datos de 65?

d. ¿Qué color de ojos ayudaría a que un investigador se enfocara en la menor cantidad de sospechosos?

Fibras y fragmentos

La mayoría de las personas que cometen un crimen dejan algo. O se llevan algo. Puede ser tierra, un cabello o la fibra de una alfombra. Estos elementos diminutos se llaman rastros de evidencia. Los investigadores forenses buscan rastros de evidencia porque estos pueden vincular a un sospechoso con la escena de un crimen.

Este científico forense recoge evidencia de la suela de un zapato con lodo.

Estos diminutos elementos posiblemente no prueben que una persona sea culpable. Pero pueden servir de respaldo para otros elementos de prueba. O pueden conducir a que los investigadores encuentren más evidencia. Supongamos que la fibra de una alfombra se encuentra en la escena de un crimen. Los investigadores forenses pueden examinar esa fibra. Pueden averiguar de dónde provino.

Fibra de una alfombra en la escena de un crimen

21

Los investigadores analizan la fibra para encontrar exactamente de qué tipo de alfombra provino. Pueden establecer si la alfombra es **sintética** o natural. Pueden averiguar qué tipo de tinte se usó. Pueden averiguar qué compañías usan ese tinte. Pueden ser capaces de descubrir cuánto de la alfombra se vendió en un área particular. Esto los ayuda a descubrir qué tan común es la alfombra.

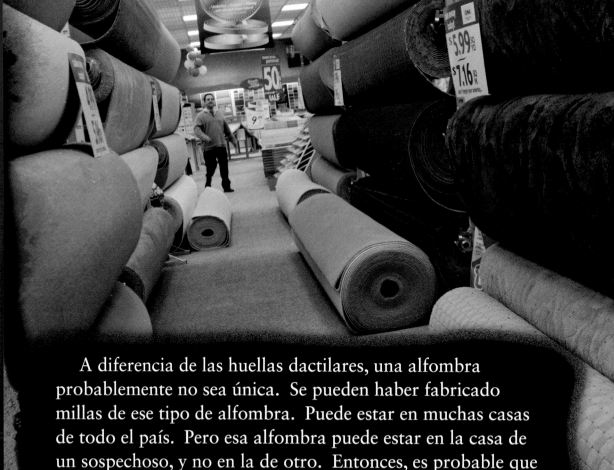

A diferencia de las huellas dactilares, una alfombra probablemente no sea única. Se pueden haber fabricado millas de ese tipo de alfombra. Puede estar en muchas casas de todo el país. Pero esa alfombra puede estar en la casa de un sospechoso, y no en la de otro. Entonces, es probable que el sospechoso con la alfombra que coincida haya estado en la escena del crimen.

En la escena de un crimen, los investigadores encontraron la fibra de una alfombra roja. Usa los datos de la tabla para responder las siguientes preguntas.

Posibles sospechosos

Sospechoso	Alfombra en la casa		Grupo sanguíneo
	Color	Tipo	
Sr. A.	rojo	natural	O
Sr. X.	blanco	natural	O
Sr. Y.	rojo	natural	A
Sra. N.	rojo	sintética	B
Sra. O.	blanco	natural	O
Sra. P.	rojo	natural	A

a. ¿Qué sospechosos son eliminados con base en la información anterior?

b. Llegan los resultados del laboratorio y muestran que la fibra de la alfombra es natural. ¿Qué sospechoso puede eliminarse ahora?

c. Se encuentra una muestra de sangre del grupo A en la escena del crimen. ¿Qué sospechoso puede eliminarse ahora?

d. Llegan los resultados del laboratorio y muestran que el ADN es de una mujer. ¿Quién es el perpetrador más probable?

Detectores de mentiras

   Toda esta evidencia forense puede conducir a la policía hacia un sospechoso. Los investigadores entonces pueden entrevistar al sospechoso. Pueden usar un polígrafo. Éste a menudo se conoce como prueba con detector de mentiras.

   Un polígrafo mide la presión arterial, la frecuencia cardíaca y el ritmo respiratorio de una persona. Estas mediciones se registran en una hoja de papel cuadriculado en movimiento. Los investigadores creen que estas mediciones muestran qué tan nerviosa está la persona. Creen que una persona que está mintiendo tiende a estar más nerviosa.

Impresión del papel cuadriculado de un polígrafo

El entrevistador comienza con preguntas que tienen respuestas sencillas verdaderas o falsas. Luego el entrevistador pregunta cosas sobre las que una persona probablemente mienta. Puede preguntar: "¿Alguna vez ha robado algo?". Las líneas sobre el papel cuadriculado pueden mostrar si la persona dice la verdad.

EXPLOREMOS LAS MATEMÁTICAS

Los investigadores de la escena del crimen entrevistan a un sospechoso de un robo en una tienda de joyas. Observa este gráfico de la frecuencia cardíaca del sospechoso. Estos datos se reunieron mediante un polígrafo. Usa los datos para responder las siguientes preguntas. Recuerda, cuanto más alta sea la frecuencia cardíaca (pulsaciones por minuto) de un sospechoso, es más probable que esté mintiendo.

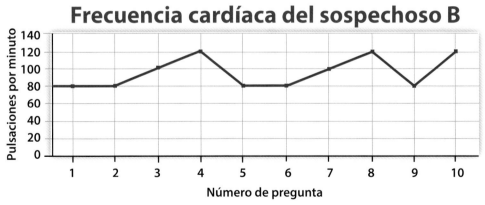

Frecuencia cardíaca del sospechoso B

a. ¿Qué preguntas crees que el sospechoso B contestó con la verdad?

b. ¿En qué preguntas crees que el sospechoso mintió?

c. Escribe una pregunta que crees que el sospechoso puede haber respondido con la verdad.

Los resultados del polígrafo no siempre se pueden usar como evidencia en un tribunal. Algunas personas afirman que son casi completamente precisos. Otras personas argumentan que la prueba misma hace que la persona se ponga lo suficientemente nerviosa como para fallar. Los estudios han mostrado que las pruebas del polígrafo son útiles, pero en general, no muy precisas.

Prueba de polígrafo realizada en una estación de policía

Resolver un crimen

Los investigadores forenses necesitan averiguar cómo, cuándo, dónde y por qué se cometió un crimen, y quién lo cometió. Buscan pistas y las usan para descubrir si un sospechoso es culpable.

Gracias a la recopilación de datos de los investigadores de la escena del crimen, ¡no existe el crimen perfecto!

El kit de los investigadores de la escena del crimen tiene las herramientas para encontrar, recopilar y registrar evidencia en la escena de un crimen. El cepillo y el polvo se usan para encontrar huellas dactilares.

Gemas robadas

En Villaladrón se robaron unas gemas preciosas de una joyería. Los investigadores de la escena del crimen saben que el criminal entró a través de una ventana pequeña en la parte trasera de la joyería. La ventana está a algo más de 7 pies sobre el suelo. Mide 24 pulgadas de ancho y 24 pulgadas de alto. Encontraron una muestra de sangre del grupo O. Sin embargo, no había ninguna escalera que el ladrón pudiera haber usado para trepar a la ventana.

Esta tabla es el archivo de datos de posibles sospechosos.

Sospechosos	Estatura	Peso (libras)	Contextura	Grupo sanguíneo
Sr. J.	6 ft 4 in	240	grande	O
Sr. S.	4 ft 1 in	120	delgada	O
Sra. M.	5 ft 3 in	200	sólida	A
Sra. D.	6 ft 2 in	135	delgada	O
Sr. M.	6 ft 2 in	185	promedio	B
Sra. P.	4 ft 4 in	130	rolliza	O
Sra. T.	5 ft 1 in	125	promedio	AB

¡Resuélvelo!

a. ¿Qué sospechoso probablemente cometió el crimen?

b. Menciona razones que expliquen tu respuesta.

Usa los siguientes pasos como ayuda para encontrar los datos que justifiquen tus respuestas.

Paso 1: Se encuentra una muestra de sangre del grupo O en la escena del crimen. Haz una lista de los sospechosos más probables con base en esta información.

Paso 2: La ventana está a algo más de 7 pies sobre el suelo. Ya que no había escaleras, tacha los sospechosos que crees que no podrían haber alcanzado la ventana por sí mismos. Explica tu respuesta.

Paso 3: La ventana solo mide 24 pulgadas de ancho y 24 pulgadas de alto. Observa los datos de la contextura del cuerpo y el peso de cada sospechoso en tu lista. Tacha el sospechoso que crees que no podría haber cabido a través de la ventana. Explica tu respuesta.

Paso 4: Observa la lista de nombres. ¿Qué nombre queda? Este nombre es tu principal sospechoso.

Glosario

ADN: significa ácido desoxirribonucleico, que es la parte de las células que contiene información genética

analizan: examinan en detalle

base de datos: programa informático usado para almacenar información

células: unidades estructurales básicas de todo ser vivo

coartadas: argumentos de los sospechosos sobre que estuvieron en otros lugares cuando ocurrieron los crímenes

cometió: llevó a cabo

conclusión: una decisión tomada a partir de la información disponible

contaminar: ensuciar algo. En la escena de un crimen, esto significa añadir cosas que pueden confundir a los investigadores.

crestas: finas líneas elevadas en las yemas de los dedos

específicos: claramente definidos o concretos

evidencia: información que puede ayudarte a decidir si algo es verdadero o falso

excluir: dejar afuera

fibras: pequeñas hebras

identificación genética: uso de información del ADN para identifica personas

investigadores forenses: personas que buscan evidencia que ayudará a que la policía averigüe quién cometió un crimen

perpetrador: una persona que cometió un crimen que se está investigando

predecir: adivinar qué puede ocurrir en el futuro, según observaciones y experiencias

sintética: fabricada artificialmente; n fabricada naturalmente

sospechosos: personas que la policía cree que pueden haber cometido un crimen

técnica: una persona especializada en los detalles o las técnicas de un trabajo

testigos: personas que posiblemente hayan visto cuando se cometía un crimen

única: sola y sin otra de su tipo

víctima: una persona que ha sufrido como resultado de un crimen

índice

5 preguntas, 6

ADN, 16–18, 23

base de datos, 9, 11, 13

coartadas, 6

datos, 4, 5, 7, 12, 19, 27

evidencia, 4, 5, 16, 20, 21, 24, 26, 27

fibra de una alfombra, 21–22, 23

fibras, 5, 20–22

gemelos idénticos, 8, 17

grupos sanguíneos, 12, 13, 14–15, 18, 23

huella de zapato, 5

huellas dactilares, 5, 8–11, 16, 17, 18, 22, 27

identificación genética, 16–18

investigadores de la escena del crimen, 6, 11, 25, 27

investigadores forenses, 4, 5, 9, 12, 17, 18, 20, 21, 27

patrones de huellas dactilares, 10–11

perfil de ADN, 16, 18

perpetrador, 5, 6, 12, 23

pistas, 4, 5, 27

policía, 4, 5, 24, 26

polígrafo (detector de mentiras), 24–26

predecir, 7

rastros de evidencia, 20

sospechoso, 5, 6, 9, 14, 18, 19, 20, 22, 23, 24

testigos, 4

tierra, 5, 20

tribunal (de justicia), 5, 16, 26

víctima, 6, 12

RESPUESTAS

Exploremos las matemáticas

Página 7:
a. La menor cantidad de robos de automóviles ocurrió a las 4 p. m.
b. 7 robos de automóviles ocurrieron a las 8 a. m.
c. La hora variará pero debe ser entre las 10 p. m. y las 6 a. m. Las explicaciones variarán.

Página 11:
a. 44 sospechosos
b. 15 sospechosos
c. El grupo etario de 36 a 44

Página 13:
a. 25 % de los 400 criminales = 100 sospechosos por sangre del grupo O
b. 75 % de 400 criminales = 300 sospechosos por sangre de los grupos A y B
c. Las respuestas variarán pero podrían incluir: el perpetrador no está en la base de datos.

Página 15:
a. 9 % de los británicos
b. Franceses, japoneses y aborígenes australianos
c. La sangre del grupo AB es la más rara porque tiene el porcentaje más bajo entre todos los pueblos del conjunto de datos.
d. 42,000 personas

Página 19:
a. 40 ladrones de automóviles
b. 220 ladrones de automóviles
c. marrón
d. avellana

Página 23:
a. Los sospechosos Sr. X. y Sra. O. son eliminados.
b. La sospechosa Sra. N.
c. El sospechoso Sr. A.
d. La Sra. P.

Página 25:
a. Preguntas 1, 2, 5, 6 y 9
b. Preguntas 3, 4, 7, 8 y 10
c. Las preguntas variarán.
Pregunta de ejemplo: ¿Cuál es su nombre?

Actividad de resolución de problemas

a. La Sra. D. probablemente cometió el robo.

b. La Sra. D. tiene sangre del grupo O. Mide más de 6 pies de estatura; ella podría llegar a la ventana sin la escalera. Tiene una contextura delgada; podría haberse introducido a través de la ventana pequeña.

Paso 1: Sr. J., Sr. S., Sra. D. y Sra. P.

Paso 2: Los sospechosos Sr. S. y Sra. P. pueden tacharse de la lista. Ambos son demasiado bajos para llegar a la ventana y entrar a través de ella.

Paso 3: El sospechoso Sr. J. tiene una contextura grande. Probablemente no podría haber cabido a través de la ventana.

Paso 4: En la lista queda la sospechosa Sra. D.